Navdeep Kochhar

A Mente Algorítmica: Compreender os princípios da computação

Navdeep Kochhar

A Mente Algorítmica: Compreender os princípios da computação

Noções básicas de princípios de informática

ScienciaScripts

Imprint
Any brand names and product names mentioned in this book are subject to trademark, brand or patent protection and are trademarks or registered trademarks of their respective holders. The use of brand names, product names, common names, trade names, product descriptions etc. even without a particular marking in this work is in no way to be construed to mean that such names may be regarded as unrestricted in respect of trademark and brand protection legislation and could thus be used by anyone.

Cover image: www.ingimage.com

This book is a translation from the original published under ISBN 978-620-7-64118-5.

Publisher:
Sciencia Scripts
is a trademark of
Dodo Books Indian Ocean Ltd. and OmniScriptum S.R.L publishing group

120 High Road, East Finchley, London, N2 9ED, United Kingdom
Str. Armeneasca 28/1, office 1, Chisinau MD-2012, Republic of Moldova, Europe
Printed at: see last page
ISBN: 978-620-7-61733-3

A MENTE ALGORÍTMICA: COMPREENDER OS PRINCÍPIOS DA COMPUTAÇÃO

ÍNDICE DE CONTEÚDOS

CAPÍTULO 1 3

CAPÍTULO 2 9

CAPÍTULO 3 18

CAPÍTULO 4 36

CAPÍTULO 5 52

CAPÍTULO 6 55

CAPÍTULO 7 58

CAPÍTULO 8 60

CAPÍTULO 9 63

CAPÍTULO 10 67

REFERÊNCIAS 70

CAPÍTULO 1
INTRODUÇÃO À INFORMÁTICA

1.1 O que é a computação ?

A informática engloba o estudo, o desenvolvimento e a aplicação de sistemas informáticos e de software. Na sua essência, a informática envolve o processamento, a gestão e a manipulação de dados utilizando computadores e técnicas computacionais. É um domínio vasto que abrange uma série de tópicos, incluindo conceção de hardware, desenvolvimento de software, redes, análise de dados, inteligência artificial e muito mais.

Na sua essência, a computação envolve:

1. Resolução de problemas: Utilização de técnicas computacionais para resolver problemas de forma eficiente e eficaz. Isto envolve a decomposição de problemas complexos em partes mais pequenas e mais fáceis de gerir e a conceção de algoritmos para os resolver.

2. **Processamento de dados:** Tratamento e manipulação de dados sob várias formas, como texto, números, imagens e multimédia. Inclui tarefas como o armazenamento, a recuperação, a organização e a análise de dados.

3. **Desenvolvimento de software:** Conceção, codificação, teste e manutenção de aplicações e sistemas de software. Isto envolve linguagens de programação, princípios de engenharia de software e metodologias de desenvolvimento.

4. **Conceção de hardware:** Conceção e construção de componentes e sistemas de hardware de computadores, incluindo processadores, dispositivos de memória, dispositivos de armazenamento e dispositivos de entrada/saída.

5. **Redes:** Criação e gestão de redes de computadores e dispositivos para facilitar a comunicação e a partilha de recursos. Isto inclui tópicos como protocolos de rede, segurança e computação distribuída.

6. **Inteligência artificial: desenvolvimento de algoritmos e sistemas que imitam a inteligência humana para realizar tarefas como o reconhecimento de padrões, a tomada de decisões e o processamento de linguagem natural.

A informática desempenha um papel crucial em várias indústrias e domínios, incluindo negócios, cuidados de saúde, educação, entretenimento, finanças e investigação científica. Revolucionou a forma como trabalhamos, comunicamos e vivemos, moldando profundamente o mundo moderno.

1.2 Evolução de Computing

A evolução da informática é uma viagem fascinante que se estende por séculos e sofreu transformações dramáticas. Eis um resumo dos principais marcos na evolução da computação:

1. **As origens da computação remontam a dispositivos como o ábaco e as calculadoras mecânicas desenvolvidas por matemáticos como Blaise Pascal e Gottfried Wilhelm Leibniz. Estas primeiras máquinas efectuavam cálculos aritméticos básicos.

2. **Motor Analítico (1837):** Projetado por Charles Babbage, o Motor Analítico é considerado o primeiro computador mecânico de uso geral. Embora nunca tenha sido concluído durante a vida de Babbage, lançou as bases para os conceitos modernos de computação, como a programabilidade e o looping.

3. **Máquinas de tabulação (finais de 1800):** Herman Hollerith desenvolveu máquinas de tabulação utilizando cartões perfurados para processar dados para o Censo dos EUA de 1890. Esta inovação marcou o início do processamento automatizado de dados.

4. **Computadores electromecânicos (anos 1930-1940):** Máquinas como o IBM Harvard Mark I e o Atanasoff-Berry Computer (ABC) introduziram componentes electromecânicos para computação. Estes primeiros

computadores utilizavam relés e válvulas de vácuo para efetuar cálculos.

5. **Computadores electrónicos (anos 1940-1950):** A invenção de componentes electrónicos como os tubos de vácuo e os transístores levou ao desenvolvimento de computadores electrónicos como o ENIAC (Electronic Numerical Integrator and Computer) e o UNIVAC I (Universal Automatic Computer). Estas máquinas eram mais rápidas e mais fiáveis do que as suas congéneres electromecânicas.

6. **Computadores mainframe (década de 1950-1960):** Os computadores mainframe surgiram como máquinas potentes capazes de realizar tarefas de processamento de dados em grande escala para empresas e agências governamentais. Empresas como a IBM dominaram o mercado dos computadores mainframe durante esta época.

7. **Minicomputadores (década de 1960-1970):** Os minicomputadores, mais pequenos e menos dispendiosos do que os mainframes, tornaram-se populares para aplicações científicas e de engenharia. Foram os antecessores dos actuais computadores pessoais.

8. **Revolução dos microprocessadores (década de 1970-1980):** A invenção do microprocessador por empresas como a Intel revolucionou a informática, permitindo o desenvolvimento de computadores pessoais económicos e acessíveis. O Altair 8800 e o Apple II foram os primeiros sistemas de microcomputadores comercialmente bem sucedidos.

9. **A década de 1980 assistiu à ascensão da computação pessoal, com a introdução de máquinas icónicas como o IBM PC, o Macintosh e o Commodore 64. As interfaces gráficas do utilizador (GUI) e os sistemas operativos como o MS-DOS e o Windows tornaram os computadores mais fáceis de utilizar.

10. **A adoção generalizada da Internet e o desenvolvimento da World Wide Web transformaram a informática e a comunicação. A Internet revolucionou a forma como as pessoas acedem à informação, comunicam e fazem negócios, conduzindo ao aparecimento do comércio eletrónico, das

redes sociais e dos serviços em linha.

11. **Computação móvel e computação em nuvem (anos 2000 - presente):** A proliferação de smartphones e tablets inaugurou a era da computação móvel, permitindo aos utilizadores aceder a informações e serviços em movimento. Além disso, a computação em nuvem surgiu como um paradigma para o fornecimento de recursos de computação através da Internet, permitindo soluções escaláveis e flexíveis para empresas e consumidores.

12. **Inteligência artificial e computação quântica (século XXI):** Os avanços na inteligência artificial (IA) e na aprendizagem automática alargaram as fronteiras do que os computadores podem realizar, conduzindo a descobertas em áreas como o processamento de linguagem natural, a visão por computador e a robótica. A computação quântica, que utiliza os princípios da mecânica quântica, promete revolucionar a computação, permitindo cálculos mais rápidos e mais potentes para determinados tipos de problemas.

A evolução da informática continua a acelerar, impulsionada pelos avanços contínuos da tecnologia, pela inovação e pela procura crescente de potência e capacidades informáticas em todos os aspectos da sociedade.

1.3 Importância dos algoritmos

Os algoritmos desempenham um papel fundamental na ciência da computação e têm uma importância significativa em vários aspectos da tecnologia e da vida quotidiana. Eis algumas das principais razões pelas quais os algoritmos são importantes:

1. **Resolução de problemas:** Os algoritmos fornecem abordagens sistemáticas e estruturadas para a resolução de problemas. Permitem que programadores e engenheiros dividam problemas complexos em etapas mais

pequenas e mais fáceis de gerir, permitindo estratégias de resolução de problemas eficientes e eficazes.

2. **Eficiência:** Algoritmos bem concebidos podem melhorar significativamente a eficiência dos cálculos e das operações. Ao otimizar os algoritmos, os programadores podem reduzir o tempo e os recursos necessários para executar as tarefas, o que conduz a sistemas mais rápidos e com maior capacidade de resposta.

3. **Escalabilidade:** Os algoritmos são essenciais para a conceção de sistemas escaláveis que possam lidar com quantidades crescentes de dados e interacções dos utilizadores. Os algoritmos escaláveis podem processar eficientemente grandes conjuntos de dados e acomodar cargas de trabalho crescentes sem sacrificar o desempenho.

4. **Reprodutibilidade:** Os algoritmos fornecem procedimentos precisos e passo a passo para a execução de tarefas, garantindo a reprodutibilidade e a coerência dos resultados. Isto é particularmente importante na computação científica e na análise de dados, em que os resultados exactos e fiáveis são essenciais.

5. **Tomada de decisões:** Os algoritmos são utilizados em processos de tomada de decisões em vários domínios, incluindo finanças, cuidados de saúde e engenharia. Permitem a tomada de decisões automatizada com base em regras e critérios predefinidos, conduzindo a decisões mais informadas e objectivas.

6. **Otimização:** Os algoritmos são utilizados para otimizar vários processos e sistemas, como a atribuição de recursos, a programação e o planeamento de rotas. Os algoritmos de otimização visam encontrar as melhores soluções possíveis, tendo em conta restrições e objectivos específicos, melhorando a eficiência e o desempenho.

7. **Inovação:** Os algoritmos impulsionam a inovação, permitindo o desenvolvimento de novas tecnologias e aplicações. Desde a inteligência artificial e a aprendizagem automática até à criptografia e à biologia

computacional, os algoritmos estão na base de avanços revolucionários em diversos domínios.

8. **Classificação de problemas:** Os algoritmos fornecem um quadro para a classificação e categorização de problemas com base na sua complexidade e características computacionais. A compreensão das propriedades dos diferentes algoritmos ajuda os investigadores e os profissionais a escolher as abordagens mais adequadas para resolver tipos específicos de problemas.

9. Aprendizagem e educação: Os algoritmos são essenciais para o ensino e aprendizagem de conceitos de informática. Servem como blocos de construção fundamentais para compreender a programação, as estruturas de dados e o pensamento computacional, preparando os alunos para carreiras nas áreas da tecnologia e da engenharia.

10. **Impacto global:** Os algoritmos têm um impacto profundo na sociedade, moldando a forma como comunicamos, trabalhamos e interagimos com o mundo. Desde os motores de busca e os algoritmos das redes sociais até aos veículos autónomos e aos sistemas de saúde, os algoritmos influenciam praticamente todos os aspectos da vida moderna.

Em resumo, os algoritmos são componentes cruciais da informática e da tecnologia, impulsionando a inovação, a eficiência e a resolução de problemas numa vasta gama de aplicações e domínios. Compreender e conceber algoritmos eficazes é essencial para construir sistemas fiáveis, escaláveis e inteligentes na era digital atual.

CAPÍTULO 2

FUNDAMENTOS DOS ALGORITMOS

2.1 Noções básicas de Algoritmos

Os conceitos básicos de algoritmos estabelecem as bases para compreender como resolver problemas de forma sistemática e eficiente em informática e não só. Aqui está uma visão geral de alguns conceitos-chave em algoritmos básicos:

1. **Definição:** Um algoritmo é um procedimento ou método passo-a-passo para resolver um problema. Consiste numa sequência finita de instruções bem definidas que, quando seguidas, realizam uma tarefa ou cálculo específico.

2. **Entrada e saída:** Os algoritmos normalmente recebem entradas, processam-nas de acordo com regras predefinidas e produzem saídas. As entradas representam os dados ou informações a serem processados, enquanto as saídas representam os resultados ou soluções gerados pelo algoritmo.

3. **Correção:** Um algoritmo é considerado correto se produzir o resultado esperado para todas as entradas válidas possíveis. Garantir a correção de um algoritmo implica testá-lo com diferentes cenários de entrada e verificar se produz os resultados desejados.

4. **Eficiência:** A eficiência refere-se à forma como um algoritmo utiliza os recursos computacionais, como tempo e memória, para resolver um problema. Os algoritmos eficientes são concebidos para minimizar a utilização de recursos e o tempo de execução, tornando-os mais rápidos e escaláveis.

5. **Expressividade:** Os algoritmos podem ser expressos utilizando várias notações e representações, incluindo pseudocódigo, fluxogramas e linguagens de programação. O pseudocódigo é uma descrição de alto nível de um

algoritmo que combina linguagem natural e construções de programação para transmitir a sua lógica e estrutura.

6. **Análise:** A análise de algoritmos envolve a avaliação do desempenho e do comportamento de um algoritmo em diferentes condições, tais como cenários de pior caso, melhor caso e caso médio. Isto ajuda a avaliar factores como a complexidade temporal, a complexidade espacial e a escalabilidade.

7. **Técnicas de conceção de algoritmos:** Existem várias técnicas de conceção de algoritmos, cada uma delas adequada a diferentes tipos de problemas e objectivos. As técnicas mais comuns de conceção de algoritmos incluem:

- Força bruta: Tentar exaustivamente todas as soluções possíveis.

- Algoritmos gulosos: Fazem escolhas localmente óptimas em cada passo para encontrar um ótimo global.

- Dividir e Conquistar: dividir o problema em subproblemas mais pequenos, resolvê-los recursivamente e combinar as suas soluções.

- Programação dinâmica: Armazenar e reutilizar resultados intermédios para resolver subproblemas sobrepostos de forma eficiente.

- Retrocesso: Enumerar todas as soluções possíveis explorando sistematicamente o espaço de pesquisa.

8. **Algoritmos comuns:** Há muitos algoritmos comuns utilizados em informática e programação, como algoritmos de ordenação (por exemplo, ordenação por bolhas, ordenação rápida), algoritmos de pesquisa (por exemplo, pesquisa linear, pesquisa binária), algoritmos de grafos (por exemplo, pesquisa em largura, pesquisa em profundidade) e algoritmos de programação dinâmica (por exemplo, sequência de Fibonacci).

9. **Aplicações:** Os algoritmos são utilizados em várias aplicações e domínios, incluindo processamento de dados, processamento de imagens, criptografia, inteligência artificial, otimização, etc. Compreender e aplicar algoritmos são competências essenciais para programadores de software,

cientistas informáticos e engenheiros.

Ao dominar as noções básicas de algoritmos, adquire a capacidade de abordar os problemas de forma metódica, conceber soluções eficientes e analisar e otimizar o seu desempenho - um conjunto de competências cruciais no domínio da informática e não só.

2.2 Algoritmo Técnicas de conceção

As técnicas de conceção de algoritmos são estratégias ou metodologias utilizadas para conceber algoritmos eficientes e eficazes para resolver problemas computacionais. Eis algumas técnicas comuns de conceção de algoritmos:

1. **Força bruta:** A força bruta envolve a tentativa exaustiva de todas as soluções possíveis para um problema até que a correta seja encontrada. Embora simples, os algoritmos de força bruta podem ser ineficientes para grandes instâncias de problemas devido à sua alta complexidade de tempo e espaço.

2. **Algoritmos gulosos:** Os algoritmos gulosos fazem escolhas localmente óptimas em cada passo, na esperança de encontrar um ótimo global. Estes algoritmos são fáceis de implementar e muitas vezes produzem boas soluções, mas nem sempre garantem a melhor solução possível.

3. **Dividir e conquistar:** Dividir e conquistar envolve dividir um problema em subproblemas mais pequenos, resolver cada subproblema recursivamente e depois combinar as suas soluções para resolver o problema original. Esta técnica é normalmente utilizada em algoritmos como o merge sort, o quicksort e a pesquisa binária.

4. **Programação dinâmica:** A programação dinâmica consiste em dividir um problema em subproblemas mais pequenos que se sobrepõem e resolver cada subproblema apenas uma vez, armazenando os resultados numa tabela para

evitar cálculos redundantes. Esta técnica é particularmente útil para problemas de otimização com subproblemas sobrepostos, como o problema da mochila ou a sequência de Fibonacci.

5. **Backtracking:** Backtracking é um método sistemático para gerar todas as soluções possíveis para um problema, explorando recursivamente o espaço de pesquisa e abandonando soluções parciais que não podem ser completadas para formar uma solução válida. Os algoritmos de retrocesso são normalmente utilizados em problemas que envolvem permutação, combinação e satisfação de restrições.

6. **Branch and Bound:** Branch and bound é uma técnica utilizada para explorar sistematicamente o espaço de pesquisa de um problema, ramificando-o em subproblemas e limitando a pesquisa utilizando limites superiores e inferiores para a solução. Esta técnica é normalmente utilizada em problemas de otimização, como o problema do caixeiro-viajante.

7. **Algoritmos aleatórios:** Os algoritmos aleatórios utilizam a aleatoriedade ou a probabilidade na sua conceção para alcançar um resultado desejado. Estes algoritmos podem não produzir sempre o mesmo resultado em cada execução, mas oferecem frequentemente um melhor desempenho ou melhores soluções em determinados cenários.

8. **Algoritmos de aproximação:** Os algoritmos de aproximação fornecem soluções quase óptimas para problemas de otimização NP-difíceis em tempo polinomial. Embora não garantam a melhor solução possível, oferecem soluções práticas com garantias de desempenho limitadas.

9. **Algoritmos heurísticos:** Os algoritmos heurísticos utilizam estratégias de regra de ouro ou "suficientemente boas" para encontrar rapidamente soluções viáveis para problemas complexos. Embora nem sempre garantam soluções óptimas, as heurísticas podem ser eficazes na resolução de problemas do mundo real em que não é prático encontrar soluções exactas.

Ao dominar estas técnicas de conceção de algoritmos, pode desenvolver competências versáteis de resolução de problemas e resolver eficazmente uma vasta gama de problemas computacionais em vários domínios, desde a engenharia de software e a ciência dos dados até à inteligência artificial e à otimização.

2.3 Análise de Algoritmos

A análise de algoritmos é um aspeto fundamental da ciência da computação que se centra na compreensão das características de desempenho dos algoritmos. Envolve o estudo da utilização de recursos (como o tempo e o espaço) dos algoritmos e a avaliação da sua eficiência e escalabilidade. A análise de algoritmos desempenha um papel crucial na conceção de algoritmos, ajudando a identificar o algoritmo mais adequado para um determinado problema e fornecendo informações sobre o seu comportamento em diferentes condições de entrada.

Análise da complexidade do tempo

A análise da complexidade temporal quantifica a quantidade de tempo que um algoritmo demora a executar em função do tamanho da entrada. Fornece uma estimativa do pior caso, do caso médio ou do melhor caso do tempo de execução de um algoritmo, normalmente medido em termos do número de operações básicas (como comparações, atribuições e operações aritméticas) efectuadas pelo algoritmo.
A análise da complexidade temporal ajuda a comparar a eficiência relativa de diferentes algoritmos e a prever o seu desempenho em grandes instâncias de entrada.

Notação assimptótica

A notação assintótica é normalmente utilizada na análise da complexidade do tempo para expressar a taxa de crescimento do tempo de execução de um algoritmo à medida que o tamanho da entrada se aproxima do infinito. As três principais notações assimptóticas são:

- **Big O (O)**: Representa o limite superior ou o pior caso de tempo de execução de um algoritmo. Fornece um limite superior para a taxa de crescimento do tempo de execução do algoritmo.

- **Ómega (Ω)**: Representa o limite inferior ou o melhor caso de tempo de execução de um algoritmo. Fornece um limite inferior para a taxa de crescimento do tempo de execução do algoritmo.

- **Theta (Θ)**: Representa o limite apertado ou o tempo médio de execução de um algoritmo. Fornece limites superiores e inferiores para a taxa de crescimento do tempo de execução do algoritmo.

Exemplo:

Considere o seguinte pseudo-código para pesquisa linear:
LinearSearch(arr, target):
for i from 0 to arr.length - 1: if arr[i] == target:
retorno i retorno -1

A complexidade temporal da pesquisa linear é O(n), onde n é o tamanho da matriz de entrada `arr`. Na pior das hipóteses, o algoritmo pode precisar de iterar por todos os elementos da matriz para encontrar o elemento de destino.

Análise da complexidade espacial

A análise da complexidade espacial avalia a quantidade de memória ou espaço necessário para a execução de um algoritmo em função do tamanho da entrada. Tem em conta o espaço utilizado por variáveis, estruturas de dados e chamadas de funções recursivas durante a execução do algoritmo. A análise da complexidade do espaço ajuda a compreender os requisitos de memória dos algoritmos e a identificar potenciais restrições ou ineficiências de memória.

Exemplo:

Considere o seguinte pseudo-código para uma função recursiva que calcula o fatorial de um número:
Fatorial(n):
se n == 0: devolve 1
e mais:
return n * Fatorial(n - 1)
```

A complexidade espacial da função fatorial é O(n), em que n é o parâmetro de entrada que representa o número cujo fatorial está a ser calculado. Isto deve-se ao facto de a função fazer chamadas recursivas e cada chamada requer espaço adicional na pilha de chamadas.
#### Análise do melhor, pior e médio caso

Para além de analisar a complexidade temporal e espacial dos algoritmos, é frequentemente importante considerar o seu desempenho em diferentes cenários. Os algoritmos podem apresentar comportamentos diferentes consoante as características dos dados de entrada. Os três principais casos considerados na análise de algoritmos são:
- **Melhor caso**: Representa o tempo mínimo de execução ou utilização de espaço de um algoritmo para uma determinada entrada. Ocorre quando os dados de entrada estão na configuração mais favorável.
- **Pior caso**: Representa o tempo máximo de execução ou a utilização de espaço de um algoritmo para uma determinada entrada. Ocorre quando os dados de entrada estão na configuração menos favorável.
```

- **Caso médio**: Representa o tempo de execução esperado ou a utilização de espaço de um algoritmo em média sobre todas as entradas possíveis. Fornece uma estimativa mais realista do desempenho do algoritmo do que o melhor ou o pior caso.

Exemplo:

Considere o algoritmo de ordenação "Selection Sort", que selecciona repetidamente o elemento mínimo da parte não ordenada da matriz e troca-o com o elemento no início da parte não ordenada:

```
SelectionSort(arr): n = arr.length
para i de 0 a n - 1: minIndex = i
para j de i + 1 a n - 1:
se arr[j] < arr[minIndex]: minIndex = j
swap(arr[i], arr[minIndex])
```

- **Melhor caso**: O melhor cenário ocorre quando a matriz de entrada já está ordenada. Neste caso, a complexidade temporal do Selection Sort é $O(n^2)$, uma vez que o algoritmo ainda precisa de iterar sobre cada elemento para verificar se é o mínimo.
- **Pior caso**: O pior cenário ocorre quando a matriz de entrada é ordenada em ordem inversa. Neste caso, a complexidade temporal do Selection Sort também é $O(n^2)$, uma vez que o algoritmo precisa de efetuar o máximo de comparações e trocas.
- **Caso médio**: A complexidade temporal média do Selection Sort também é $O(n^2)$, pois requer um número quadrático de comparações e trocas em média em todas as permutações possíveis da matriz de entrada.

Considerações práticas

Para além da análise teórica, o desempenho prático dos algoritmos pode ser influenciado por vários factores, como a arquitetura do hardware, a linguagem de programação, as optimizações do compilador e a distribuição dos dados de entrada. É importante ter em conta estes factores ao avaliar o desempenho dos algoritmos em aplicações do mundo real.

Conclusão

A análise de algoritmos fornece informações valiosas sobre a sua eficiência, escalabilidade e comportamento sob diferentes condições de entrada. Ao quantificar a complexidade temporal e espacial dos algoritmos e ao considerar o seu melhor, pior e médio desempenho, podemos tomar decisões informadas sobre a seleção e conceção de algoritmos, conduzindo, em última análise, a sistemas de software mais eficientes e robustos.

Esta explicação abrangente da análise de algoritmos cobre vários aspectos, incluindo a análise da complexidade temporal e espacial, notação assintótica, análise do melhor, pior e médio caso, e considerações práticas. Através de exemplos e ilustrações, demonstra a importância da análise de algoritmos na compreensão e avaliação do desempenho de algoritmos em aplicações do mundo real.

CAPÍTULO 3

DADOS ESTRUTURAS

3.1 Introdução às estruturas de dados:
Introdução às estruturas de dados:

No domínio da informática, as estruturas de dados desempenham um papel fundamental na organização, armazenamento e manipulação eficiente dos dados. Constituem a espinha dorsal de inúmeros algoritmos e aplicações, permitindo o processamento de grandes quantidades de informação com precisão e rapidez. Nesta exploração abrangente das estruturas de dados, iremos aprofundar os conceitos fundamentais, operações e implementações de várias estruturas de dados, elucidando o seu significado e utilidade na resolução de diversos problemas computacionais.

1. **Compreensão das estruturas de dados**:
As estruturas de dados são modelos abstractos que representam a organização e o armazenamento de dados na memória do computador. Fornecem uma estrutura para aceder, modificar e gerir dados de forma eficaz, facilitando o desenvolvimento de algoritmos e soluções de software eficientes. No seu núcleo, uma estrutura de dados define um conjunto de operações que podem ser efectuadas nos dados, juntamente com as regras que regem o seu comportamento.

2. **Importância das estruturas de dados**:
A importância das estruturas de dados não pode ser exagerada no domínio da informática. Servem como blocos de construção para a conceção de algoritmos e para a resolução de problemas computacionais complexos. Ao escolher estruturas de dados adequadas e ao aplicá-las criteriosamente, os programadores podem otimizar o desempenho, a escalabilidade e a fiabilidade dos seus sistemas de software. Além disso, um conhecimento

profundo das estruturas de dados é essencial para dominar tópicos avançados, como a análise de algoritmos, a gestão de bases de dados e a conceção de sistemas.

3. **Estruturas de dados básicas**:

Começamos a nossa exploração das estruturas de dados examinando alguns dos tipos fundamentais normalmente utilizados na programação:

- Matrizes: As matrizes são blocos contíguos de memória utilizados para armazenar elementos do mesmo tipo de dados. Oferecem acesso em tempo constante aos elementos, mas podem ter limitações em termos de redimensionamento dinâmico e operações de inserção/eliminação.

- Listas ligadas: As listas ligadas são constituídas por nós, cada um contendo um elemento de dados e uma referência ao nó seguinte na sequência. Permitem operações de inserção e eliminação eficientes, mas têm tempos de acesso mais lentos do que as matrizes.

- Pilhas: As pilhas são estruturas de dados lineares que seguem o princípio do Último a Entrar, Primeiro a Sair (LIFO). Elas suportam duas operações primárias: push (adicionar um elemento ao topo) e pop (remover o elemento do topo).

- Filas: As filas são estruturas de dados lineares que seguem o princípio FIFO (First In, First Out). Suportam duas operações principais: enqueue (adicionar um elemento à retaguarda) e dequeue (remover o elemento da frente).

4. **Estruturas de dados avançadas**:

Para além das estruturas de dados básicas, existe uma infinidade de estruturas de dados avançadas concebidas para responder a desafios computacionais específicos:

- Árvores: As árvores são estruturas de dados hierárquicas compostas por nós ligados por arestas. São amplamente utilizadas em aplicações como a organização hierárquica, a pesquisa e a ordenação.

As variantes comuns incluem árvores binárias, árvores de pesquisa binária, árvores AVL e árvores B.

- Grafos: Os grafos são colecções de vértices (nós) e arestas (ligações) que representam relações entre entidades. São utilizados numa variedade de domínios, incluindo redes sociais, redes de transportes e redes informáticas. Os grafos podem ser dirigidos ou não dirigidos e podem ter arestas ponderadas ou não ponderadas.

- Heaps: Heaps são estruturas de dados especializadas baseadas em árvores usadas para priorizar elementos. Suportam a inserção, eliminação e recuperação eficientes do elemento máximo ou mínimo. As heaps são normalmente utilizadas em filas de espera prioritárias, algoritmos de agendamento e algoritmos de grafos.

- Tabelas de hash: As tabelas de hash são estruturas de dados que armazenam pares chave-valor e fornecem acesso a elementos em caso médio e em tempo constante. Utilizam uma função de hash para mapear chaves para índices numa matriz, permitindo a rápida recuperação e armazenamento de dados.

5. **Operações e Algoritmos**:

Cada estrutura de dados suporta um conjunto de operações adaptadas às suas características e requisitos específicos. Estas operações abrangem um vasto leque de funcionalidades, incluindo inserção, eliminação, passagem, pesquisa e ordenação. Para maximizar a eficiência e a eficácia destas operações, os algoritmos são concebidos e optimizados para tirar partido das propriedades inerentes a cada estrutura de dados.

6. **Implementação e análise**:

A implementação de estruturas de dados envolve a tradução dos seus conceitos abstractos em construções de programação concretas. Este processo implica a conceção da representação de dados subjacente, a definição da interface e das operações e a implementação de algoritmos para realizar as funcionalidades pretendidas. Além disso, a análise do desempenho das estruturas de dados é essencial para avaliar a sua eficiência em termos de complexidade temporal e espacial. Técnicas como a análise assintótica, o teste empírico e o benchmarking são utilizadas para avaliar as características de desempenho das estruturas de dados em vários cenários.

7. **Aplicações e exemplos do mundo real**:

As estruturas de dados têm inúmeras aplicações em diversos domínios, desde o desenvolvimento de software e a conceção de sistemas até à computação científica e à inteligência artificial. Algumas aplicações comuns incluem:

- Sistemas de gestão de bases de dados: As estruturas de dados são utilizadas para organizar e gerir grandes volumes de dados estruturados e não estruturados em sistemas de bases de dados.

- Desenvolvimento Web: As estruturas de dados, como arrays, listas ligadas e árvores, são utilizadas em aplicações Web para tratar sessões de utilizadores, gerir caches de dados e otimizar algoritmos de pesquisa.

- Desenvolvimento de jogos: As estruturas de dados desempenham um papel crucial no desenvolvimento de jogos para gerir o estado do jogo, implementar a deteção de colisões e otimizar os algoritmos de localização de caminhos.

- Biologia computacional: As estruturas de dados são utilizadas em biologia computacional para armazenar e analisar dados genómicos, sequências de proteínas e redes biológicas.

8. **Desafios e direcções futuras**:

Embora as estruturas de dados tenham revolucionado o campo da ciência da computação, há vários desafios e oportunidades pela frente. Com a proliferação de grandes volumes de dados, computação em nuvem e aprendizagem automática, há uma procura crescente de estruturas de dados que possam lidar com conjuntos de dados maciços, suportar o processamento distribuído e facilitar a análise em tempo real. Além disso, os avanços na arquitetura de hardware, nas tecnologias de memória e na computação paralela apresentam novos caminhos para a conceção de estruturas de dados inovadoras optimizadas para ambientes de computação modernos.

9. **Conclusão**:

Em conclusão, as estruturas de dados constituem a base da ciência da computação, permitindo a organização, o armazenamento e a manipulação eficientes dos dados. Ao dominar os princípios, operações e implementações das estruturas de dados, os programadores podem abrir novas possibilidades na conceção de algoritmos, engenharia de software e otimização de sistemas. À medida que a tecnologia continua a evoluir, o papel das estruturas de dados continuará a ser fundamental para moldar o futuro da computação, impulsionar a inovação e fomentar o progresso na era digital.

3.2 Matrizes e listas:

Com certeza! Aqui está uma explicação extensa sobre matrizes e listas, juntamente com exemplos:

3.2 Matrizes e listas: Entendendo as estruturas de dados lineares

No domínio da informática, as matrizes e as listas são a pedra angular das estruturas de dados lineares, fornecendo meios eficientes para armazenar e aceder a colecções de elementos. Apesar da sua aparente simplicidade, estas estruturas oferecem capacidades poderosas para organizar dados na memória e facilitar várias tarefas computacionais. Nesta exploração abrangente, aprofundamos os meandros das matrizes e listas, elucidando as suas propriedades fundamentais, operações e aplicações práticas através de exemplos e análises extensivos.

1. **Matrizes: Fundamentos do Armazenamento Linear de Dados**

Uma matriz representa um bloco contíguo de memória capaz de conter um número fixo de elementos do mesmo tipo de dados. É uma estrutura de dados fundamental para armazenar colecções de elementos homogéneos, proporcionando acesso direto a elementos individuais com base nos seus índices. As principais características das matrizes incluem:

- **Tamanho fixo:** As matrizes têm um tamanho predeterminado que é estabelecido no momento da declaração e não pode ser alterado durante o tempo de execução.
- **Acesso aleatório:** Os elementos de um array podem ser acedidos diretamente através dos seus índices, permitindo o acesso a qualquer elemento em tempo constante.
- **Homogeneidade:** Todos os elementos de uma matriz devem ter o mesmo tipo de dados, garantindo uniformidade e consistência.

Exemplo:
Considere uma matriz `intArray` contendo cinco elementos inteiros: `[10, 20, 30, 40, 50]`. Cada elemento ocupa uma posição de memória consecutiva, e sua posição dentro do array é determinada pelo seu índice. Por exemplo, `intArray[2]` refere-se ao elemento com o valor `30`, pois ele reside no índice `2` dentro do array.

2. **Listas: Estruturas dinâmicas para uma gestão flexível dos dados**

As listas representam uma estrutura de dados dinâmica capaz de conter um número variável de elementos dispostos numa ordem sequencial. Ao contrário das matrizes, as listas oferecem flexibilidade em termos de dimensão e permitem operações eficientes de inserção, eliminação e passagem. Os principais tipos de listas incluem as listas ligadas simples, as listas ligadas duplas e as listas ligadas circulares, cada uma com características e compromissos únicos.

- **Listas ligadas simples:** As listas ligadas simples consistem em nós, em que cada nó contém um elemento de dados e uma referência (ou ponteiro) para o nó seguinte na sequência. Esta ligação unidirecional permite operações de inserção e eliminação eficientes, embora à custa de tempos de acesso mais lentos.

- **Listas duplamente ligadas:** As listas duplamente ligadas alargam o conceito de listas ligadas simples, incorporando ponteiros para trás, para além dos ponteiros para a frente. Esta ligação bidirecional facilita uma travessia mais eficiente em ambas as direcções, permitindo operações como a travessia inversa e a eliminação de nós sem travessia.

- **Listas ligadas circulares:** As listas ligadas circulares apresentam uma disposição circular dos nós, em que o último nó aponta para o primeiro nó, formando um ciclo fechado. Esta circularidade permite uma travessia cíclica contínua e facilita operações como a rotação da lista e a implementação de buffers circulares.

Exemplo:

Considere uma lista ligada simples `sList` contendo três nós: `[10] -> [20] -> [30] -> NULL`. Cada nó contém um elemento de dados e uma referência ao nó seguinte na sequência.

Percorrer a lista desde o nó principal (`[10]`) até ao nó final (`[30]`) permite aceder a todos os elementos por ordem sequencial.

3. **Operações e Análise de Complexidade**

Tanto as matrizes como as listas suportam uma variedade de operações para aceder, modificar e manipular elementos de dados. Estas operações são caracterizadas pela sua complexidade temporal, que quantifica o custo computacional da execução da operação relativamente à dimensão da estrutura de dados. As operações mais comuns incluem:

- **Acesso:** Recuperar o valor de um elemento específico num determinado índice. As matrizes oferecem acesso em tempo constante (`O(1)`) devido ao seu mecanismo de endereçamento direto, enquanto que as listas requerem tipicamente acesso em tempo linear (`O(n)`), uma vez que pode ser necessário percorrer o nó cabeça/cauda.

- **Inserção:** Adicionar um novo elemento numa posição especificada dentro da estrutura de dados. As matrizes podem exigir o deslocamento de elementos existentes para acomodar a inserção, resultando em complexidade em tempo linear (`O(n)`). Em contraste, as listas podem realizar inserções em tempo constante (`O(1)`), ajustando os ponteiros apropriados para redirecionar a sequência.

- **Eliminação:** Remoção de um elemento da estrutura de dados. Semelhante à inserção, as matrizes podem precisar deslocar elementos após o elemento excluído, resultando em complexidade em tempo linear (`O(n)`). As listas, por outro lado, podem efetuar eliminações em tempo constante (`O(1)`), actualizando os apontadores para contornar o nó eliminado.

4. **Aplicações práticas e casos de utilização**

As matrizes e as listas têm aplicações extensivas em vários domínios, devido à sua versatilidade e eficiência na gestão de dados. Algumas aplicações notáveis incluem:

- **Armazenamento e recuperação de dados:** As matrizes são normalmente utilizadas para armazenar colecções de elementos de dados, tais como valores numéricos, cadeias de caracteres e objectos. As listas, particularmente as listas ligadas, são utilizadas em cenários que requerem armazenamento dinâmico de dados com operações eficientes de inserção e eliminação.

- **Implementação de algoritmos:** As matrizes servem de base a numerosos algoritmos, incluindo algoritmos de ordenação (por exemplo, ordenação por fusão, ordenação rápida) e algoritmos de pesquisa (por exemplo, pesquisa binária). As listas são indispensáveis na implementação de tipos abstractos de dados (ADT), como pilhas, filas e listas ligadas, que constituem a base de algoritmos e estruturas de dados mais complexos.

- **Gestão da memória:** As matrizes e as listas desempenham um papel crucial na gestão dos recursos de memória nos sistemas informáticos. As matrizes dinâmicas, uma variante das matrizes tradicionais, ajustam dinamicamente o seu tamanho para se adaptarem às necessidades de armazenamento em mudança, optimizando assim a utilização da memória. As listas, em particular as listas ligadas, são utilizadas em estratégias de alocação de memória, tais como conjuntos de memória e recolha de lixo.

5. **Desafios e considerações**

Apesar das suas inúmeras vantagens, as matrizes e as listas apresentam alguns desafios e considerações que merecem atenção:

- **Sobrecarga de memória:** As listas, particularmente as listas ligadas, incorrem em sobrecarga de memória adicional devido ao armazenamento de ponteiros/referências ao lado dos elementos de dados. Essa sobrecarga pode afetar o uso da memória e a eficiência do cache, especialmente em cenários que envolvem grandes conjuntos de dados.

- **Sobrecarga de travessia:** As listas podem apresentar tempos de travessia mais lentos do que as matrizes, uma vez que requerem que os ponteiros sejam seguidos sequencialmente para aceder aos elementos. Esta sobrecarga pode afetar o desempenho de algoritmos e operações que dependem fortemente de

3.3 Pilhas e filas:

No domínio da informática, as pilhas e as filas de espera são exemplos por excelência de estruturas de dados lineares, oferecendo cada uma delas funcionalidades e aplicações únicas em diversos cenários computacionais. Desde implementações algorítmicas até à conceção de sistemas reais, estas estruturas desempenham um papel fundamental na facilitação da gestão e processamento eficientes de dados. Nesta exploração abrangente, aprofundamos os meandros das pilhas e filas de espera, elucidando as suas propriedades fundamentais, operações e aplicações práticas através de exemplos e análises extensivos.

1. **Pilhas: Armazenamento de dados LIFO (último a entrar, primeiro a sair)**

Uma pilha representa uma coleção de elementos organizados de acordo com o método "último a entrar, primeiro a sair" (LIFO), em que os elementos são adicionados e retirados do topo da pilha. Esta disposição sequencial assemelha-se a uma pilha de pratos, em que o último prato colocado no topo é o primeiro a ser removido. As principais características das pilhas incluem:
- Operação **Push:** Adicionar um elemento ao topo da pilha.
- Operação **Pop:** Remover o elemento mais alto da pilha.
- **Operação de espreitar:** Visualizar o elemento mais acima sem o remover.
- **Pilha vazia:** Uma pilha sem elementos, muitas vezes denotada como uma pilha vazia.
- **Pilha completa:** Uma pilha com uma capacidade máxima, tipicamente implementada usando matrizes.

Exemplo:

Considere uma pilha `stackOfBooks` que representa uma pilha de livros colocada numa secretária. Inicialmente, a pilha está vazia. À medida que os livros são adicionados à pilha, eles são colocados uns sobre os outros. O último livro adicionado à pilha é o primeiro a ser removido quando um livro é necessário. Esta disposição sequencial reflecte o comportamento LIFO das pilhas.

2. **Filas: Armazenamento de dados FIFO (primeiro a entrar, primeiro a sair)**

Uma fila representa uma coleção de elementos organizados segundo o método FIFO (First In, First Out), em que os elementos são adicionados na parte de trás (enqueue) e retirados da frente (dequeue) da fila. Esta disposição sequencial assemelha-se a uma fila de pessoas à espera de serem servidas, em que a primeira pessoa da fila é a primeira a ser servida. As principais características das filas incluem:
- **Operação de enfileiramento:** Adição de um elemento ao final da fila.
- **Operação de retirada da fila:** Remover o elemento mais à frente da fila.
- **Operação de espreitar:** Visualizar o elemento mais à frente sem o remover.
- **Fila vazia:** Uma fila sem elementos, frequentemente designada por fila vazia.
- **Fila cheia:** Uma fila com uma capacidade máxima, normalmente implementada utilizando matrizes.

Exemplo:

Considere uma fila `checkoutQueue` que representa uma fila de clientes à espera de fazer o check-out num supermercado. À medida que os clientes entram na fila, eles são adicionados ao final da fila. Quando um caixa está pronto para atender o próximo cliente, o cliente mais à frente na fila é retirado da fila e atendido. Esta disposição sequencial reflecte o comportamento FIFO das filas de espera.

3. **Operações e Análise de Complexidade**

Tanto as pilhas como as filas suportam uma variedade de operações para adicionar, remover e aceder a elementos, cada uma com a sua complexidade temporal associada. Estas operações incluem:
- **Push/Enqueue:** Adição de um elemento à estrutura de dados.
- **Pop/Dequeue:** Remoção de um elemento da estrutura de dados.
- **Peek/Front:** Visualizar o elemento mais alto/mais à frente sem o remover.
- **isEmpty:** Verifica se a estrutura de dados está vazia.
- **Verifica se a estrutura de dados está cheia (aplicável a implementações baseadas em matrizes).

A complexidade temporal destas operações varia consoante a implementação subjacente de pilhas e filas. Para implementações baseadas em listas ligadas, as operações push, pop, enqueue e dequeue têm normalmente uma complexidade temporal constante (`O(1)`), uma vez que envolvem manipulações simples de ponteiros. No entanto, para implementações baseadas em arrays com uma capacidade fixa, as operações push e pop podem ter uma complexidade de tempo linear (`O(n)`), uma vez que pode ser necessário redimensionar e deslocar elementos.

4. **Aplicações práticas e casos de utilização**
As pilhas e filas de espera têm aplicações extensivas em vários domínios, devido à sua simplicidade, eficiência e versatilidade. Algumas aplicações notáveis incluem:

- **Implementações de algoritmos:** As pilhas e as filas servem como estruturas de dados fundamentais para a implementação de vários algoritmos e técnicas de processamento de dados. Por exemplo, as pilhas são utilizadas na avaliação de expressões, na gestão de chamadas de funções e em algoritmos de retrocesso, enquanto as filas são utilizadas em sistemas de pesquisa em primeiro lugar (BFS), escalonamento de tarefas e enfileiramento de mensagens.

- **Gestão de memória:** As pilhas desempenham um papel crucial na gestão da execução de programas e na atribuição de memória nos sistemas informáticos. Elas são usadas para armazenar quadros de chamadas de funções, variáveis locais e endereços de retorno na pilha de chamadas, permitindo chamadas de funções recursivas e gerenciamento eficiente de memória.

- **Estruturas de dados e tipos abstractos de dados:** As pilhas e as filas servem de blocos de construção para a conceção de estruturas de dados mais complexas e tipos abstractos de dados (ADTs). Por exemplo, as pilhas são utilizadas para implementar estruturas de dados baseadas em pilhas, como a avaliação de expressões pós-fixas e a funcionalidade desfazer-repetir, enquanto as filas são utilizadas em estruturas de dados baseadas em filas, como filas de prioridade e filas de dupla extremidade (dequeues).

- **Sistemas Operativos e Gestão de Tarefas:** As pilhas e as filas são componentes integrais dos sistemas operativos para gerir os recursos do sistema, o agendamento de processos e a comunicação entre processos. Por exemplo, as pilhas são usadas para gerenciar a execução de chamadas do sistema, o tratamento de interrupções e os quadros de pilha no modo kernel, enquanto as filas são empregadas em filas de tarefas, filas de dispositivos e algoritmos de agendamento de tarefas.

5. **Desafios e considerações**

Apesar das suas inúmeras vantagens, as pilhas e as filas de espera apresentam alguns desafios e considerações que merecem atenção:

- **Overflow e Underflow:** As pilhas e filas podem encontrar erros de overflow (capacidade total) ou underflow (condição vazia), particularmente em implementações baseadas em arrays de tamanho fixo. Devem ser implementados mecanismos adequados de tratamento de erros para evitar erros em tempo de execução e garantir a robustez.

- **Sobrecarga de gestão de memória:** As implementações de pilhas e filas baseadas em listas ligadas incorrem em sobrecarga de memória adicional devido ao armazenamento de ponteiros/referências ao lado dos elementos de dados. Esta sobrecarga pode afetar a utilização da memória e a eficiência da cache, especialmente em cenários que envolvem grandes conjuntos de dados.

- **A escolha da implementação (baseada em arrays vs. baseada em listas ligadas) para pilhas e filas implica compromissos em termos de desempenho, utilização de memória e flexibilidade. Os programadores devem considerar cuidadosamente estas compensações com base nos requisitos e restrições específicos das suas aplicações.

3.4 Árvores e grafos:

No vasto panorama da ciência da computação, as árvores e os grafos são estruturas de dados fundamentais que modelam relações hierárquicas e não hierárquicas entre elementos, respetivamente. Desde a organização de dados hierárquicos até à representação de redes complexas, estas estruturas oferecem soluções versáteis para uma miríade de problemas computacionais. Nesta exploração abrangente, aprofundamos os meandros das árvores e dos grafos, elucidando as suas propriedades fundamentais, operações e aplicações práticas através de exemplos e análises extensivos.

1. **Árvores: Representação Hierárquica de Dados**

Uma árvore é uma estrutura de dados hierárquica composta por nós ligados por arestas, em que cada nó (exceto a raiz) tem um nó pai e zero ou mais nós filhos. As árvores são caracterizadas pela sua disposição hierárquica, com o nó raiz a servir de nó superior e os nós folha a representarem os nós inferiores. As principais características das árvores incluem:
- **Nó raiz: O nó mais alto na hierarquia da árvore, servindo como ponto de partida para as travessias.
- **Nó pai:** Um nó que tem um ou mais nós filhos ligados a ele.
- **Nó filho: Um nó diretamente ligado a outro nó por uma aresta, sendo o nó pai o nó a partir do qual a ligação tem origem.
- **Nó folha:** Um nó que não tem nós filhos, representando os nós terminais da árvore.
- **Altura:** O número máximo de arestas no caminho mais longo desde o nó raiz até um nó folha.
- **Profundidade:** O nível de um nó na hierarquia da árvore, estando o nó raiz na profundidade 0.
- **Árvore binária:** Uma árvore em que cada nó tem no máximo dois nós filhos, normalmente designados por filho esquerdo e filho direito.
- **Árvore de pesquisa binária (BST):** Uma árvore binária em que o valor de cada nó é maior do que todos os valores na sua subárvore esquerda e menor do que todos os valores na sua subárvore direita.

Exemplo:
Considere uma árvore binária que representa a estrutura hierárquica do organigrama de uma empresa. O nó raiz representa o CEO, com cada nível subsequente a representar diferentes departamentos (por exemplo, Finanças, Marketing, Engenharia) e os seus respectivos gestores. Os nós folha representam os empregados individuais de cada departamento.

2. **Gráficos: Representação não hierárquica de dados**

Um grafo é uma estrutura de dados não hierárquica composta por vértices (nós) e arestas (ligações) que representam relações entre elementos. Ao contrário das árvores, os grafos não impõem quaisquer restrições hierárquicas à disposição dos nós, permitindo ligações arbitrárias entre vértices. As principais características dos grafos incluem:
- **Vértice (Nó):** Unidade fundamental de um grafo, que representa uma entidade ou um objeto.
- **Aresta:** Uma ligação entre dois vértices, indicando uma relação ou interação entre eles.
- **Gráfico dirigido (Digraph):** Um gráfico em que as arestas têm uma direção, indicando o fluxo ou a orientação das relações entre vértices.
- **Gráfico não direcionado:** Um gráfico em que as arestas não têm direção, significando relações bidireccionais entre vértices.
- **Gráfico ponderado:** Um gráfico em que as arestas têm pesos ou custos associados, representando a força ou magnitude das relações entre os vértices.
- **Gráfico esparso:** Um gráfico com relativamente poucas arestas em comparação com o número máximo possível de arestas.
- **Gráfico denso:** Um grafo com um grande número de arestas, aproximando-se do número máximo possível de arestas.

Exemplo:
Considere uma rede social representada como um grafo não direcionado, em que cada utilizador é representado como um vértice e as amizades entre utilizadores são representadas como arestas. Neste grafo, os vértices representam utilizadores individuais e as arestas representam amizades mútuas entre utilizadores. A presença ou ausência de uma aresta entre dois

vértices indica se existe uma amizade entre os utilizadores correspondentes.

3. **Operações e Análise de Complexidade**

Tanto as árvores como os grafos suportam uma variedade de operações para percorrer, consultar e modificar as suas estruturas, cada uma com a sua complexidade temporal associada. Estas operações incluem:
- **Exploração de todos os nós ou vértices da estrutura de forma sistemática, como a exploração em profundidade (DFS) e a exploração em largura (BFS).
- **Procurar:** Encontrar um nó ou vértice específico dentro da estrutura, como procurar uma chave numa árvore de pesquisa binária (BST) ou encontrar o caminho mais curto entre dois vértices num gráfico.
- **Inserção:** Adição de um novo nó ou vértice à estrutura, tal como inserir um novo elemento numa árvore de pesquisa binária ou adicionar uma nova aresta a um grafo.
- **Eliminação:** Remoção de um nó ou vértice existente da estrutura, como a eliminação de um nó de uma árvore de pesquisa binária ou a remoção de uma aresta de um grafo.

A complexidade temporal destas operações varia em função das características específicas e dos condicionalismos da estrutura. Por exemplo, as operações de travessia de árvores têm normalmente uma complexidade temporal de `O(n)`, em que `n` é o número de nós da árvore, enquanto as operações de travessia de grafos podem ter uma complexidade temporal de `O(V + E)`, em que `V` é o número de vértices e `E` é o número de arestas.

4. **Aplicações práticas e casos de utilização**

As árvores e os grafos encontram aplicações extensivas em vários domínios, devido à sua versatilidade e adaptabilidade a diversos domínios problemáticos.

Algumas aplicações notáveis incluem:

- **Representação e modelação de dados:** As árvores e os gráficos são utilizados para representar estruturas hierárquicas (por exemplo, sistemas de ficheiros, documentos XML) e relações não hierárquicas (por exemplo, redes sociais, redes de transportes) na modelação e representação de dados.
- **Algoritmos e resolução de problemas:** As árvores e os grafos servem de base a numerosos algoritmos e técnicas de resolução de problemas, como os algoritmos de travessia de árvores, os algoritmos do caminho mais curto (por exemplo, o algoritmo de Dijkstra) e

A compreensão destas estruturas de dados é essencial para armazenar, aceder e manipular dados de forma eficiente em várias aplicações e algoritmos. Cada estrutura de dados tem os seus pontos fortes e fracos, e a escolha da estrutura adequada depende dos requisitos e restrições específicos do problema em causa.

CAPÍTULO 4

ALGORÍTMICA PARADIGMAS

4.1 Algoritmos gulosos:

No domínio da conceção de algoritmos, os algoritmos gulosos constituem um paradigma poderoso para resolver problemas de otimização, fazendo escolhas localmente óptimas em cada passo. Com base no princípio de "escolher o que parece melhor no momento", estes algoritmos dão prioridade a ganhos imediatos sem considerar as consequências globais de cada decisão. Apesar da sua simplicidade e apelo intuitivo, os algoritmos gulosos oferecem soluções eficientes para uma vasta gama de problemas combinatórios e de otimização, tornando-os ferramentas indispensáveis na resolução de problemas algorítmicos. Nesta exploração abrangente, aprofundamos os meandros dos algoritmos gulosos, elucidando os seus princípios fundamentais, características, aplicações e limitações através de exemplos e análises extensivos.

1. **Compreender os Algoritmos Gulosos

Os algoritmos gulosos representam uma classe de algoritmos que seguem uma estratégia "gulosa", seleccionando a melhor opção disponível em cada passo sem considerar todo o espaço do problema. As principais características dos algoritmos gulosos incluem:
- **Optimalidade local:** Os algoritmos gulosos tomam decisões com base apenas no estado atual do problema, com o objetivo de maximizar os ganhos imediatos sem considerar as consequências futuras.
- **Propriedade da Escolha Gulosa:** Em cada passo, um algoritmo guloso selecciona a escolha localmente óptima que parece ser a melhor entre todas

as opções disponíveis. Esta escolha é feita sem revisitar ou alterar decisões anteriores.

- **Soluções subótimas:** Embora os algoritmos gulosos geralmente produzam soluções viáveis rapidamente, eles podem nem sempre produzir soluções globalmente ótimas. Em alguns casos, as escolhas localmente óptimas feitas por um algoritmo guloso podem levar a soluções subóptimas ou incorrectas.

2. **Estrutura Algorítmica dos Algoritmos Gulosos**

A conceção e a implementação de algoritmos gulosos seguem normalmente um quadro geral que consiste nas seguintes etapas:

1. **Identificar a escolha gulosa:** Determinar o critério ou heurística utilizada para fazer escolhas gulosas em cada passo do algoritmo. Este critério deve dar prioridade à opção localmente óptima com base nas restrições e objectivos específicos do problema.

2. **Definir a propriedade de subestrutura óptima:** Estabelecer a propriedade de subestrutura óptima, que garante que a solução para um problema maior pode ser construída combinando soluções para subproblemas mais pequenos. Esta propriedade permite que o algoritmo guloso faça progressos incrementais em direção à solução final.

3. **Construir a solução de forma incremental:** Iterar através do espaço do problema, fazendo escolhas gananciosas em cada passo para construir a solução de forma incremental. Em cada iteração, actualize a solução com base na escolha gulosa escolhida e avance para o passo seguinte.

4. **Terminar quando a solução for encontrada:** Continuar o processo iterativo até que o algoritmo atinja uma condição de terminação, indicando que uma solução viável foi encontrada. Esta condição de término pode variar dependendo dos requisitos e restrições específicos do problema.

3. **Aplicações de Algoritmos Gulosos**

Os algoritmos gulosos encontram aplicações extensivas em vários domínios, devido à sua simplicidade, eficiência e eficácia na resolução de problemas de otimização. Algumas aplicações notáveis incluem:

- **Problemas de otimização:** Os algoritmos gulosos são amplamente utilizados para resolver problemas de otimização, tais como o Problema da Mochila, o Problema da Árvore Mínima de Varrimento (MST) e o Problema de Escalonamento de Intervalos. Estes problemas envolvem a seleção de um subconjunto de elementos para maximizar/minimizar uma determinada função objetivo sob determinadas restrições.

- **Algoritmos de caminho mais curto:** Os algoritmos gulosos são utilizados em algoritmos de caminho mais curto, como o algoritmo de Dijkstra e o algoritmo de Prim. Estes algoritmos têm como objetivo encontrar o caminho mais curto ou a árvore de extensão mínima num grafo ponderado, fazendo escolhas gulosas com base nos pesos das arestas.

- **Codificação Huffman:** Os algoritmos gulosos são utilizados na codificação Huffman, uma técnica de compressão de dados sem perdas. A codificação Huffman constrói códigos de prefixo de comprimento variável, atribuindo códigos mais curtos a símbolos mais frequentes, reduzindo efetivamente o tamanho total dos dados codificados.

- **Escalonamento de tarefas:** Os algoritmos gulosos são aplicados em problemas de escalonamento de tarefas, como o Problema de Escalonamento de Intervalos e o Problema de Escalonamento de Tarefas. Esses problemas envolvem o escalonamento de tarefas ou trabalhos para maximizar a utilização de recursos ou minimizar o tempo de conclusão.

4. **Exemplos de Algoritmos Gulosos**

Para ilustrar os princípios e aplicações dos algoritmos gulosos, vamos explorar alguns exemplos clássicos:

Exemplo 1: Problema do troco de moedas

Considere o Problema do Troco, em que o objetivo é fazer um determinado troco utilizando o menor número possível de moedas de determinadas denominações. A estratégia gulosa para este problema consiste em selecionar repetidamente a moeda de maior valor facial que seja menor ou igual ao troco restante até que este seja reduzido a zero.

```python
def coinChange(coins, amount):
coins.sort(reverse=True) # Ordena as moedas por ordem decrescente count =
0
para moeda em moedas:
enquanto montante >= moeda: montante -= moeda contagem += 1
return count if amount == 0 else -1
```
Exemplo 2: Problema de seleção de actividades

Considere o problema de seleção de actividades, em que o objetivo é selecionar o número máximo de actividades não sobrepostas de um conjunto de actividades, cada uma com horas de início e de fim. A estratégia gulosa para este problema envolve a seleção de actividades com base nas suas horas de fim, escolhendo a atividade com a hora de fim mais próxima que não entre em conflito com actividades previamente seleccionadas.

```python
def activitySelection(activities):
activities.sort(key=lambda x: x[1]) # Ordenar as actividades por hora de
conclusão selected = [activities[0]]
para atividade em actividades[1:]:
se atividade[0] >= selecionado[-1][1]: selecionado.append(atividade)
retorno selecionado
```

5. **Limitações e considerações**

Embora os algoritmos gulosos ofereçam soluções eficientes para muitos problemas de otimização, têm certas limitações e considerações que devem ser tidas em conta:

- **Propriedade da Escolha Gulosa:** A escolha gulosa feita em cada passo pode nem sempre conduzir a uma solução globalmente óptima. Em alguns casos, as escolhas localmente óptimas podem resultar em soluções sub-óptimas ou em resultados incorrectos.

- **Subestrutura óptima:** O problema deve apresentar a propriedade de subestrutura óptima, o que significa que a solução para um problema maior pode ser construída através da combinação de soluções para subproblemas mais pequenos. Sem esta propriedade, a abordagem gulosa pode não produzir o resultado desejado.

- **Análise de complexidade:** A complexidade temporal dos algoritmos gulosos pode variar consoante a estrutura do problema e a heurística específica utilizada para fazer escolhas gulosas. Enquanto alguns algoritmos gulosos têm uma complexidade de tempo polinomial, outros podem ter uma complexidade exponencial ou mesmo indecidível.

- **Heurísticas específicas do problema:** A conceção de algoritmos gulosos eficazes requer muitas vezes uma consideração cuidadosa das heurísticas e restrições específicas do problema. A escolha da heurística pode afetar significativamente a qualidade e a eficiência da solução resultante.

6. **Conclusão**

Em conclusão, os algoritmos gulosos oferecem uma abordagem poderosa para resolver problemas de otimização, fazendo escolhas localmente óptimas em cada passo. Apesar da sua simplicidade e apelo intuitivo, os algoritmos gulosos fornecem soluções eficientes para uma vasta gama de problemas combinatórios e de otimização, tornando-os ferramentas indispensáveis na resolução de problemas algorítmicos. Ao compreender os princípios, as características, as aplicações e as limitações dos algoritmos gulosos, os programadores podem tirar partido das suas capacidades para resolver problemas de otimização difíceis e impulsionar a inovação na conceção e análise de algoritmos.

Esta exploração abrangente de algoritmos gulosos fornece uma compreensão completa dos seus princípios fundamentais, características, aplicações e limitações. Através de exemplos e análises, obtemos informações valiosas sobre a versatilidade e a eficácia dos algoritmos gulosos na resolução de problemas de otimização e no progresso da resolução de problemas algorítmicos.

4.2 Dividir e conquistar:

No domínio da conceção de algoritmos, o paradigma Dividir e Conquistar é uma estratégia fundamental para resolver problemas complexos, dividindo-os em subproblemas mais pequenos e mais fáceis de gerir. Com base no princípio "dividir, conquistar e combinar", esta abordagem permite a resolução eficiente de problemas através da decomposição recursiva, da conquista de subproblemas individuais e da fusão das suas soluções para formar a solução global. Apesar da sua simplicidade, Dividir e Conquistar oferece uma estrutura poderosa para lidar com uma vasta gama de desafios computacionais, desde a ordenação e pesquisa até à otimização e travessia de grafos. Nesta exploração abrangente, aprofundamos os meandros de Dividir e Conquistar, elucidando os seus princípios fundamentais, características, aplicações e limitações através de exemplos e análises extensivos.

1. **Compreender a divisão e a conquista

Dividir e Conquistar é um paradigma de resolução de problemas que envolve três passos fundamentais:

1. **Dividir:** Dividir o problema em subproblemas mais pequenos e mais fáceis de gerir, com uma estrutura semelhante à do problema original, mas de dimensão reduzida.
2. **Conquistar:** Resolver cada subproblema recursivamente utilizando a mesma abordagem de dividir e conquistar. Se os subproblemas forem suficientemente pequenos, resolva-os diretamente utilizando um caso de base ou uma solução trivial.
3. **Combinar:** Combinar as soluções dos subproblemas para formar a solução para o problema original. Esta etapa pode envolver a combinação de soluções parciais, a agregação de resultados ou a realização de processamento adicional.

As principais características do paradigma "Dividir e Conquistar" incluem:
- **Decomposição recursiva:** Dividir e Conquistar decompõe o problema em subproblemas mais pequenos recursivamente até que possam ser resolvidos diretamente ou chegar a um caso base.
- **Paralelismo:** A fase de divisão do Divide and Conquer presta-se bem à paralelização, uma vez que os subproblemas independentes podem ser

resolvidos em simultâneo por threads ou processos separados.

- **Otimização:** O Divide and Conquer explora frequentemente a estrutura e a simetria do problema para otimizar a eficiência da solução. Reduzindo os cálculos redundantes e aproveitando a memoização, ele atinge tempos de execução mais rápidos.

2. **Quadro algorítmico de dividir e conquistar

A conceção e a implementação de algoritmos de Dividir e Conquistar seguem normalmente uma estrutura geral que consiste nos seguintes passos:

1. **Fase de divisão:** Particionar o problema em dois ou mais subproblemas mais pequenos, idealmente de igual dimensão ou proporções equilibradas. Esta etapa pode envolver a divisão dos dados de entrada, a divisão de um espaço de problema ou a decomposição de um problema em componentes independentes.

2. **Fase de Conquista:** Resolver recursivamente cada subproblema de forma independente utilizando a mesma abordagem de Dividir e Conquistar. Se os subproblemas forem suficientemente pequenos, resolva-os diretamente utilizando um caso de base ou uma solução trivial.

3. **Fase de combinação:** Fundir as soluções dos subproblemas para formar a solução para o problema original. Esta etapa pode envolver a combinação de soluções parciais, a agregação de resultados ou a realização de processamento adicional.

4. **Tratamento de casos de base:** Definir casos de base que indicam quando terminar a recursão e devolver uma solução diretamente sem mais subdivisões. Os casos de base servem como critérios de paragem para o processo de decomposição recursiva.

3. **Aplicações de Dividir e Conquistar

O método "Dividir e Conquistar" é amplamente utilizado em vários domínios, devido à sua versatilidade, eficiência e eficácia na resolução de problemas complexos. Algumas aplicações notáveis incluem:

- **Algoritmos de ordenação:** Dividir e conquistar é utilizado em algoritmos de ordenação como o Merge Sort e o Quick Sort. Estes algoritmos dividem a matriz de entrada em sub-matrizes mais pequenas, ordenam recursivamente as sub-matrizes e, em seguida, fundem as sub-matrizes ordenadas para produzir o resultado ordenado final.

- **Algoritmos de pesquisa:** Dividir e conquistar é aplicado em algoritmos de pesquisa como a pesquisa binária, que localiza eficientemente um elemento alvo numa matriz ordenada, dividindo repetidamente o espaço de pesquisa ao meio e eliminando uma metade com base na comparação com o alvo.

- **Multiplicação de matrizes:** Dividir e conquistar é utilizado em algoritmos de multiplicação de matrizes, como o algoritmo de Strassen, que divide grandes matrizes em submatrizes mais pequenas, calcula recursivamente produtos parciais e combina-os para obter o resultado final.

- **Problemas de otimização:** Dividir e conquistar é utilizado para resolver problemas de otimização, tais como o par de pontos mais próximo e a soma máxima de subpastas. Estes problemas envolvem a divisão do espaço de entrada, a resolução recursiva de subproblemas e a combinação de soluções para encontrar a solução óptima.

4. **Exemplos de algoritmos de divisão e conquista

Para ilustrar os princípios e aplicações de Dividir e Conquistar, vamos explorar alguns exemplos clássicos:

Exemplo 1: Ordenação por fusão

O Merge Sort é um algoritmo de ordenação que segue o paradigma Divide and Conquer para ordenar eficientemente uma matriz de elementos. Divide a matriz em duas metades, ordena recursivamente cada metade e, em seguida, junta as metades ordenadas para produzir o resultado ordenado final.

```python
def mergeSort(arr): if len(arr) <= 1: return arr
mid = len(arr) // 2
metade_esquerda = mergeSort(arr[:mid]) metade_direita =
mergeSort(arr[mid:]) return merge(metade_esquerda, metade_direita)

def merge(left, right): result = []
i, j = 0, 0
while i < len(left) and j < len(right): if left[i] < right[j]:
result.append(left[i]) i += 1
e mais:
result.append(right[j]) j += 1
result.extend(left[i:]) result.extend(right[j:]) return result
```

Exemplo 2: Par de pontos mais próximo

O problema do par de pontos mais próximo envolve encontrar o par de pontos com a menor distância euclidiana entre um conjunto de pontos num plano. A abordagem Dividir e Conquistar divide recursivamente os pontos em subconjuntos mais pequenos, calcula os pares mais próximos em cada subconjunto e junta os resultados para encontrar o par mais próximo.

```python
import math
def closestPair(points):
```

```python
points.sort() # Ordenar os pontos pela coordenada x return
closestPairRec(points)
def closestPairRec(points): n = len(points)
se n <= 3:

return bruteForceClosestPair(points) mid = n // 2
metade_esquerda = pontos[:meio] metade_direita = pontos[meio:]
min_dist_left= closestPairRec(left_half)min_dist_right=
closestPairRec(right_half) min_dist = min(min_dist_left, min_dist_right)
strip = [p for p in points if abs(p[0] - points[mid][0]) < min_dist] return
min(min_dist, stripClosest(strip, min_dist))
def bruteForceClosestPair(points): min_dist = float('inf')
for i in range(len(points)):
for j in range(i + 1, len(points)):
dist = distância(pontos[i], pontos[j]) min_dist = min(min_dist, dist)
return min_dist
def stripClosest(strip, min_dist): min_strip_dist = min_dist
strip.sort(key=lambda x: x[1]) # Ordena a tira pela coordenada y for i in
range(len(strip)):
for j in range(i + 1, len(strip)):
se faixa[j][1] - faixa[i][1] < distância_mínima da faixa: dist =
distância(faixa[i], faixa[j]) distância_mínima da faixa =
distância_mínima(distância_mínima da faixa, dist)
e mais:
pausa
return min_strip_dist
def distância(p1, p2):
return math.sqrt((p1[0] - p2[0]) ** 2 ### 4.3 Programação dinâmica:
```

4.3 Programação dinâmica:

A Programação Dinâmica (PD) é uma técnica algorítmica versátil utilizada para resolver eficazmente uma vasta gama de problemas de otimização. Com base no princípio da decomposição de problemas complexos em subproblemas mais simples e da reutilização das soluções para esses subproblemas, a Programação Dinâmica oferece uma solução elegante para problemas que apresentam uma subestrutura óptima e subproblemas sobrepostos. Nesta extensa exploração, aprofundamos os meandros da Programação Dinâmica, elucidando os seus princípios fundamentais, características, aplicações e exemplos através de análises e ilustrações detalhadas.

1. Compreender a programação dinâmica

A Programação Dinâmica é um paradigma algorítmico que envolve a resolução de problemas de otimização dividindo-os em subproblemas mais pequenos e sobrepostos e armazenando eficientemente as soluções para estes subproblemas para evitar cálculos redundantes. As principais características da Programação Dinâmica incluem:

- **Subestrutura óptima:** O problema pode ser dividido em subproblemas mais pequenos e a solução óptima para o problema original pode ser construída a partir de soluções óptimas para os seus subproblemas.
- **Subproblemas sobrepostos:** Os mesmos subproblemas são encontrados várias vezes durante o cálculo, e as soluções para estes subproblemas podem ser reutilizadas para otimizar o cálculo global.
- **Memoização:** A Programação Dinâmica utiliza técnicas de memoização ou tabulação para armazenar as soluções dos subproblemas na memória, permitindo a recuperação e reutilização eficientes dessas soluções.

2. Quadro algorítmico da programação dinâmica

A conceção e a implementação de algoritmos de programação dinâmica seguem normalmente um quadro geral que consiste nas seguintes etapas:

1. **Identificar a subestrutura óptima:** Decompor o problema em subproblemas mais pequenos e identificar a propriedade da subestrutura óptima, que permite a construção da solução óptima a partir das soluções dos subproblemas.

2. **Formular relações de recorrência:** Definir relações ou equações recursivas que expressem as soluções para subproblemas em termos de soluções para subproblemas mais pequenos.

3. **Memoização ou tabulação:** Implementar técnicas de memoização ou tabulação para armazenar as soluções dos subproblemas em memória, permitindo a recuperação e reutilização eficientes dessas soluções durante a computação.

4. **Abordagem de baixo para cima ou de cima para baixo:** Implementar o algoritmo de programação dinâmica utilizando uma abordagem iterativa de baixo para cima (tabulação) ou uma abordagem recursiva de cima para baixo com memorização.

3. Aplicações da programação dinâmica

A Programação Dinâmica encontra aplicações extensivas em vários domínios, devido à sua versatilidade, eficiência e eficácia na resolução de problemas de otimização. Algumas aplicações notáveis incluem:

- **Alinhamento de sequências:** A programação dinâmica é utilizada em bioinformática para tarefas de alinhamento de sequências, como a sequenciação de ADN e o alinhamento de sequências de proteínas.

- **Problemas do caminho mais curto:** Os algoritmos de programação dinâmica, como o algoritmo de Floyd-Warshall e o algoritmo de Bellman-Ford, são utilizados para encontrar os caminhos mais curtos em grafos com pesos de aresta negativos ou ciclos.

- **Problema da Mochila:** A Programação Dinâmica é aplicada para resolver o Problema da Mochila, que envolve a seleção de um subconjunto de itens com valor máximo, respeitando a restrição de capacidade da mochila.

- Controlo ótimo:** As técnicas de programação dinâmica são utilizadas em problemas de controlo ótimo, tais como o encaminhamento ótimo de veículos ou a atribuição óptima de recursos em processos de fabrico.

4. Exemplos de programação dinâmica

Para ilustrar os princípios e aplicações da Programação Dinâmica, vamos explorar alguns exemplos clássicos:

Exemplo 1: Sequência de Fibonacci

A sequência de Fibonacci é um exemplo clássico de um problema que pode ser resolvido através da Programação Dinâmica. A sequência é definida recursivamente da seguinte forma:
```
fib(n) = fib(n-1) + fib(n-2), para n > 1 fib(0) = 0, fib(1) = 1
```
Utilizando a Programação Dinâmica, podemos calcular eficientemente os números de Fibonacci sem cálculos redundantes, memorizando as soluções para os subproblemas.
```python
def fibonacci(n, memo={}): if n in memo:
return memo[n] if n <= 1:
retorno n
memo[n] = fibonacci(n-1, memo) + fibonacci(n-2, memo) return memo[n]
```

Exemplo 2: Maior sequência comum

O problema da Maior Subsequência Comum (LCS) consiste em encontrar a maior subsequência comum a duas sequências dadas. A programação dinâmica pode ser utilizada para resolver este problema de forma eficiente, memorizando as soluções dos subproblemas.

```python
def longest_common_subsequence(s1, s2): m, n = len(s1), len(s2)
dp = [[0] * (n+1) for _ in range(m+1)] for i in range(1, m+1):
para j em range(1, n+1): se s1[i-1] == s2[j-1]:
dp[i][j] = dp[i-1][j-1] + 1 senão:
dp[i][j] = max(dp[i-1][j], dp[i][j-1]) return dp[m][n]
```

5. Análise da complexidade

A complexidade temporal dos algoritmos de Programação Dinâmica depende do número de subproblemas e da complexidade temporal da resolução de cada subproblema. Em muitos casos, os algoritmos de programação dinâmica têm uma complexidade de tempo polinomial, o que os torna eficientes para resolver problemas de otimização em grande escala.

6. Conclusão

Em conclusão, a Programação Dinâmica é uma técnica algorítmica poderosa utilizada para resolver problemas de otimização de forma eficiente, dividindo-os em subproblemas mais pequenos e sobrepostos e reutilizando as soluções para esses subproblemas. Ao compreender os princípios, as características, as aplicações e os exemplos da Programação Dinâmica, os programadores podem tirar partido das suas capacidades para resolver problemas de otimização complexos e impulsionar a inovação na conceção e análise de algoritmos.

4.4 Backtracking:

O retrocesso é um método sistemático para gerar todas as soluções possíveis para um problema, explorando recursivamente o espaço de pesquisa e abandonando soluções parciais que não podem ser completadas para formar uma solução válida. O retrocesso é normalmente utilizado em problemas que envolvem permutação, combinação e satisfação de restrições, em que é necessária uma pesquisa exaustiva para encontrar todas as soluções possíveis.

As principais etapas do retrocesso são:

- Enumerar todas as escolhas possíveis para cada ponto de decisão.

- Fazer uma escolha e explorar recursivamente o ponto de decisão seguinte.

- Retroceder e desfazer a escolha se esta conduzir a um beco sem saída ou violar restrições.

- Repita o processo até que todas as soluções tenham sido encontradas.

Exemplos comuns de problemas de retrocesso incluem o problema das N rainhas, o Sudoku e a geração de todas as permutações de um conjunto. Os algoritmos de retrocesso oferecem uma abordagem sistemática para explorar o espaço de soluções e encontrar todas as soluções possíveis para um problema.

CAPÍTULO 5
PESQUISA E ORDENAÇÃO ALGORITMOS

5.1 Linear e Binário Search**

Pesquisa linear:

A pesquisa linear é um algoritmo de pesquisa simples que verifica sequencialmente cada elemento de uma lista ou matriz até encontrar o elemento alvo ou chegar ao fim da lista. É fácil de implementar, mas não é eficiente para grandes conjuntos de dados, tendo uma complexidade temporal de O(n) no pior dos casos.

Pesquisa binária:

A pesquisa binária é um algoritmo de pesquisa eficiente utilizado para listas ou matrizes ordenadas. Funciona dividindo repetidamente o intervalo de pesquisa ao meio e reduzindo o espaço de pesquisa com base em comparações com o elemento intermédio. A pesquisa binária tem uma complexidade temporal de O(log n) no pior caso, o que a torna significativamente mais rápida do que a pesquisa linear para grandes conjuntos de dados.

5.2 Bolha, seleção e inserção Sort**

Classificação das bolhas:

O Bubble sort é um algoritmo de ordenação simples que percorre repetidamente a lista, compara elementos adjacentes e troca-os se estiverem na ordem errada. Ele continua esse processo até que toda a lista esteja ordenada. A ordenação por bolhas tem uma complexidade de tempo de O(n^2) no pior cenário, tornando-a ineficiente para grandes conjuntos de dados.

Ordenação da seleção:

A ordenação por seleção é outro algoritmo de ordenação simples que selecciona repetidamente o elemento mais pequeno (ou maior) da parte não ordenada da lista e troca-o com o primeiro elemento não ordenado. Ele continua esse processo até que toda a lista esteja ordenada. A ordenação por seleção também tem uma complexidade temporal de O(n^2) no pior caso.

Ordenação da inserção:

A ordenação por inserção é um algoritmo de ordenação simples que constrói a lista ordenada final um elemento de cada vez. Ele itera através da lista, removendo um elemento de cada vez e inserindo-o na sua posição correcta na parte ordenada da lista. O Insertion sort tem uma complexidade de tempo de O(n^2) no pior caso, mas tem um bom desempenho em pequenos conjuntos de dados e listas parcialmente ordenadas.

5.3 Fundir e ordenar rapidamente **

Ordenação por fusão:

O Merge sort é um algoritmo de ordenação popular que utiliza a estratégia dividir-e-conquistar. Divide a lista em sublistas mais pequenas, ordena recursivamente cada sublista e, em seguida, volta a juntá-las por ordem ordenada. O Merge sort tem uma complexidade temporal de O(n log n) em todos os casos, o que o torna eficiente para grandes conjuntos de dados.

Ordenação rápida:

O Quick sort é outro algoritmo de ordenação eficiente que também utiliza a estratégia dividir-e-conquistar. Selecciona um elemento pivot, divide a lista em duas sublistas com base no pivot, ordena recursivamente cada sub-lista e depois combina-as para formar a lista ordenada final. O Quick sort tem uma complexidade de tempo média de O(n log n), mas pode degradar-se para O(n^2) no pior dos casos.

5.4 Radix e Bucket Sort**

Classificação de Radix:

A ordenação radix é um algoritmo de ordenação não comparativo que ordena números inteiros através do processamento de dígitos individuais ou posições radix. Ordena os elementos agrupando-os de acordo com o valor de cada dígito, começando do dígito menos significativo para o dígito mais significativo. A ordenação radix tem uma complexidade temporal de $O(nk)$ em todos os casos, em que n é o número de elementos e k é o número de dígitos no maior elemento.

Ordenação do balde:

O bucket sort é um algoritmo de ordenação que divide a entrada num número de buckets, cada um dos quais é depois ordenado individualmente, utilizando um algoritmo de ordenação diferente ou aplicando recursivamente o bucket sort. Funciona bem quando a entrada é uniformemente distribuída num intervalo. O bucket sort tem uma complexidade temporal de $O(n^2)$ no pior dos casos, mas pode ser muito eficiente para determinadas distribuições de dados de entrada.

CAPÍTULO 6
GRAFO ALGORITMOS

6.1 Breadth-First Search (BFS) e Depth-First Search (DFS)**

Pesquisa em primeiro lugar por largura de banda (BFS):

O Breadth-First Search é um algoritmo de travessia de grafos que explora todos os vértices vizinhos de um vértice inicial antes de passar para o nível seguinte de vértices. Ele visita sistematicamente os vértices nível por nível, começando pelo vértice raiz e indo para fora. O BFS é implementado usando uma estrutura de dados em fila para manter o registo dos vértices a serem visitados. É normalmente utilizado para encontrar o caminho mais curto num grafo não ponderado, para determinar os componentes ligados de um grafo e para resolver problemas como encontrar o número mínimo de movimentos para atingir um estado alvo num jogo.

**Pesquisa em profundidade em primeiro lugar (DFS)

O Depth-First Search é outro algoritmo de travessia de grafos que explora o máximo possível ao longo de cada ramo antes de retroceder. Ele percorre um ramo do grafo o mais profundamente possível antes de passar a explorar outros ramos. O DFS é implementado usando uma estrutura de dados de pilha (ou recursão) para manter o registo dos vértices a serem visitados. É normalmente utilizado para detetar ciclos num grafo, para efetuar uma ordenação topológica e para resolver problemas como encontrar componentes ligados num grafo não direcionado e determinar se um grafo é bipartido.

6.2 Caminho mais curto Algoritmos**

Os algoritmos de caminho mais curto são utilizados para encontrar o caminho mais curto entre dois vértices num grafo ponderado, em que cada aresta tem um peso numérico que representa o custo ou a distância entre os vértices. Dois dos algoritmos de caminho mais curto mais conhecidos são:

- **Algoritmo de Dijkstra:** O algoritmo de Dijkstra encontra o caminho mais curto de um único vértice de origem para todos os outros vértices do grafo. Funciona seleccionando iterativamente o vértice com a distância mais curta do vértice de origem e relaxando as arestas incidentes a esse vértice.

O algoritmo de Dijkstra utiliza uma fila de prioridades para selecionar eficientemente o próximo vértice a explorar.

- **Algoritmo de Bellman-Ford:** O algoritmo de Bellman-Ford encontra os caminhos mais curtos a partir de um único vértice de origem para todos os outros vértices do grafo, mesmo na presença de pesos de aresta negativos. Ele relaxa iterativamente todas as arestas do grafo por $|V| - 1$ vezes, onde $|V|$ é o número de vértices, para garantir os caminhos mais curtos. O algoritmo de Bellman-Ford é mais lento do que o algoritmo de Dijkstra, mas mais versátil, pois pode lidar com pesos de arestas negativos.

6.3 Árvore de cobertura mínima Algoritmos**

Os algoritmos de Minimum Spanning Tree (MST) são utilizados para encontrar um subconjunto de arestas que ligam todos os vértices de um grafo com o peso total mínimo das arestas, sem formar quaisquer ciclos. Dois algoritmos bem conhecidos para encontrar a Minimum Spanning Tree são:

- **Algoritmo de Kruskal:** O algoritmo de Kruskal constrói a Árvore Mínima de Varredura adicionando repetidamente a aresta mais curta que não forma um ciclo até que todos os vértices estejam conectados. Ordena todas as arestas pelos seus pesos e, em seguida, selecciona iterativamente a aresta mais pequena que não cria um ciclo utilizando uma estrutura de dados de conjuntos disjuntos.

- **Algoritmo de Prim:** O algoritmo de Prim constrói a Árvore de Mínimo Alcance seleccionando avidamente a aresta seguinte com o menor peso que liga um vértice na árvore a um vértice fora da árvore. Começa com um vértice arbitrário e aumenta a árvore um vértice de cada vez até que todos os vértices estejam incluídos. O algoritmo de Prim utiliza normalmente uma fila de prioridades para selecionar eficientemente a próxima aresta a adicionar à árvore.

Estes algoritmos de grafos são ferramentas fundamentais para analisar e resolver problemas em vários domínios, incluindo redes de computadores, sistemas de transporte, redes sociais e muito mais. Ao compreender estes algoritmos, estará equipado para enfrentar eficazmente uma vasta gama de desafios relacionados com grafos.

CAPÍTULO 7
COMPUTACIONAL COMPLEXIDADE

7.1 Compreender as classes de complexidade**

A teoria da complexidade trata do estudo dos recursos necessários aos algoritmos para resolver problemas computacionais, como o tempo e o espaço. As classes de complexidade classificam os problemas com base na sua complexidade computacional. Algumas das principais classes de complexidade incluem:

- **P (Tempo Polinomial):** Problemas que podem ser resolvidos por algoritmos em tempo polinomial, o que significa que o seu tempo de execução é limitado por uma função polinomial do tamanho da entrada.

- **Problemas para os quais uma solução proposta pode ser verificada em tempo polinomial, mas pode não ser resolvida em tempo polinomial por um algoritmo determinístico.

- **Problemas que são pelo menos tão difíceis como os problemas mais difíceis em NP, o que significa que se qualquer problema NP-difícil pode ser resolvido em tempo polinomial, então todos os problemas em NP podem ser resolvidos em tempo polinomial.

- **NP-completo:** Problemas que estão em NP e NP-difícil, representando os problemas mais difíceis em NP.

7.2 Problema P vs. NP**

O problema P vs. NP é um dos problemas não resolvidos mais famosos da informática e da matemática. Pergunta se todos os problemas em NP podem ser resolvidos em tempo polinomial (P = NP)

ou se existem problemas em NP que não podem ser resolvidos

eficientemente (P $\neq$ NP). Em termos mais simples, é

58

pergunta se a verificação de uma solução (NP) é inerentemente mais fácil do que encontrar uma solução (P). A resolução do problema P vs. NP tem implicações profundas na criptografia, otimização, inteligência artificial e muitas outras áreas da informática.

7.3 NP-Completude e Algoritmos de Aproximação**

NP-Completude:
A NP-completude é uma propriedade dos problemas de otimização que são tão difíceis como os problemas mais difíceis em NP. Um problema é NP-completo se estiver em NP e se todos os problemas em NP puderem ser reduzidos a ele em tempo polinomial. Os problemas NP-completos são considerados entre os problemas computacionais mais difíceis, e provar que um problema é NP-completo é muitas vezes feito usando reduções de problemas NP-completos conhecidos.

**Algoritmos de aproximação
Os algoritmos de aproximação fornecem soluções eficientes para problemas de otimização com limites garantidos para a qualidade da solução. Em vez de encontrar a solução óptima, que pode ser computacionalmente intratável, os algoritmos de aproximação encontram uma solução que está próxima da óptima. A qualidade da aproximação é medida por um rácio de desempenho ou fator de aproximação, que especifica o grau de proximidade da solução em relação à solução óptima.

Os algoritmos de aproximação são valiosos para resolver problemas de otimização NP-difíceis na prática, quando encontrar a solução exacta é impraticável ou demasiado demorado. Compreender a teoria da complexidade e os desafios colocados por problemas como P vs. NP é essencial tanto para os cientistas informáticos como para os matemáticos. Ao explorar estes tópicos, os investigadores pretendem aprofundar a nossa compreensão dos limites inerentes à computação e desenvolver algoritmos mais eficientes para resolver problemas complexos.

CAPÍTULO 8
INTRODUÇÃO AOS AUTÓMATOS TEORIA

8.1 Autómatos finitos**

Os autómatos finitos, também conhecidos como máquinas de estados finitos, são modelos matemáticos abstractos utilizados para representar processos computacionais. Um autómato finito é constituído por um conjunto finito de estados, um conjunto de símbolos de entrada, uma função de transição que descreve a forma como o autómato passa de um estado para outro com base nos símbolos de entrada, um estado inicial e um ou mais estados finais. Os autómatos finitos podem reconhecer linguagens regulares, que são uma classe de linguagens formais que podem ser descritas por expressões regulares.

8.2 Expressões regulares e Languages**

As expressões regulares são linguagens formais utilizadas para descrever padrões de cadeias de caracteres. São constituídas por uma combinação de símbolos e operadores que especificam regras para fazer corresponder cadeias de caracteres. As expressões regulares são amplamente utilizadas no processamento de texto, em algoritmos de pesquisa e na análise lexical. Podem ser utilizadas para definir linguagens regulares, que são uma classe de linguagens formais que podem ser reconhecidas por autómatos finitos. As linguagens regulares têm muitas aplicações práticas, incluindo a correspondência de padrões em linguagens de programação, validação de dados e realce de sintaxe em editores de texto.

**8.3 Gramáticas livres de contexto e autómatos pushdown

As gramáticas livres de contexto são sistemas formais utilizados para gerar cadeias de caracteres numa língua, especificando regras de produção que descrevem o modo como os símbolos podem ser substituídos por outros símbolos. As gramáticas livres de contexto são utilizadas para definir linguagens livres de contexto, que são uma classe de linguagens formais que podem ser reconhecidas por autómatos pushdown. Os autómatos pushdown são extensões de autómatos finitos que têm acesso a uma pilha de memória adicional. Podem reconhecer linguagens com estruturas aninhadas, como parênteses equilibrados ou chamadas de função aninhadas. As linguagens livres de contexto têm muitas aplicações na conceção de linguagens de programação, análise e análise sintáctica.

A teoria dos autómatos e as linguagens formais fornecem uma base teórica para compreender a computação e o reconhecimento de linguagens. Ao estudar autómatos finitos, expressões regulares, gramáticas livres de contexto e autómatos pushdown, os cientistas informáticos adquirem conhecimentos sobre os princípios fundamentais da computação e desenvolvem técnicas para conceber algoritmos e linguagens de programação eficientes.

CAPÍTULO 9
INTRODUÇÃO À APRENDIZAGEM AUTOMÁTICA

9.1 Noções básicas de aprendizagem automática**

A aprendizagem automática é um subcampo da inteligência artificial que se centra no desenvolvimento de algoritmos e técnicas que permitem aos computadores aprender com os dados e fazer previsões ou tomar decisões sem serem explicitamente programados. Os conceitos básicos da aprendizagem automática envolvem a compreensão de conceitos-chave como:

- **Dados:** Os modelos de aprendizagem automática são treinados com base em dados, que podem incluir características (variáveis de entrada) e rótulos (variáveis de saída para a aprendizagem supervisionada).

- **Modelo:** Um modelo é uma representação matemática da relação entre as características de entrada e as etiquetas de saída.

- **Formação:** A formação de um modelo de aprendizagem automática implica alimentá-lo com dados rotulados e ajustar os seus parâmetros para minimizar a diferença entre os resultados previstos e os resultados reais.

- **Avaliação:** Após o treino, o desempenho do modelo é avaliado utilizando um conjunto separado de dados denominado conjunto de validação ou de teste.

- **Tipos de aprendizagem:** A aprendizagem automática pode ser classificada em aprendizagem supervisionada, aprendizagem não supervisionada e aprendizagem por reforço, cada uma delas adequada a diferentes tipos de problemas.

9.2 Aprendizagem supervisionada**

A aprendizagem supervisionada é um tipo de aprendizagem automática em que o algoritmo aprende um mapeamento das características de entrada para os rótulos de saída com base em dados de treino rotulados. Os algoritmos de aprendizagem supervisionada são utilizados para tarefas como a classificação (previsão de etiquetas discretas) e a regressão (previsão de valores contínuos). Os algoritmos de aprendizagem supervisionada mais comuns incluem:

- **Regressão linear:** Prevê uma variável de saída contínua com base em uma ou mais características de entrada.

- **Regressão logística:** Prevê a probabilidade de um resultado binário com base em características de entrada.

- **Máquinas de vectores de suporte (SVM):** Constrói um hiperplano ou conjunto de hiperplanos num espaço de elevada dimensão para separar classes diferentes.

- **Árvores de decisão:** Constrói uma estrutura em forma de árvore para tomar decisões com base em características de entrada.

- **Florestas aleatórias:** Método de aprendizagem em conjunto que constrói várias árvores de decisão e combina as suas previsões.

9.3 Aprendizagem não supervisionada**

A aprendizagem não supervisionada é um tipo de aprendizagem automática em que o algoritmo aprende padrões e estruturas a partir de dados não rotulados. Os algoritmos de aprendizagem não supervisionada são utilizados para tarefas como o agrupamento (agrupamento de pontos de dados semelhantes) e a redução da dimensionalidade (redução do número de características de entrada). Os algoritmos comuns de aprendizagem não supervisionada incluem:

- **K-Means Clustering:** Divide os dados em clusters com base na similaridade.

- **Hierarchical Clustering:** Constrói uma hierarquia de clusters fundindo ou dividindo-os recursivamente.

- **Análise de componentes principais (PCA):** Reduz a dimensionalidade dos dados, preservando a maior parte da sua variância.

- **t-Distributed Stochastic Neighbor Embedding (t-SNE):** Visualiza dados de alta dimensão mapeando-os para um espaço de baixa dimensão, preservando a estrutura local.

9.4 Redes Neuronais e Aprendizagem Profunda

As redes neuronais são uma classe de modelos de aprendizagem automática inspirados na estrutura e função do cérebro humano. A aprendizagem profunda, um subconjunto das redes neuronais, envolve o treino de redes neuronais com várias camadas (arquitecturas profundas) para aprender representações hierárquicas de dados. A aprendizagem profunda alcançou um sucesso notável em vários domínios, incluindo a visão computacional, o processamento de linguagem natural e o reconhecimento de voz. Os tipos comuns de redes neuronais utilizados na aprendizagem profunda incluem:
- **Redes Neuronais de avanço:** Redes neuronais tradicionais em que a informação flui numa direção, da entrada para a saída.
- **Redes neuronais evolutivas (CNN):** Redes neuronais especializadas concebidas para o processamento de dados em grelha, como imagens.
- **Redes neuronais recorrentes (RNNs):** Redes neuronais com loops que permitem que a informação persista ao longo do tempo, tornando-as adequadas para dados sequenciais, como texto ou séries temporais.
Compreender os conceitos básicos da aprendizagem automática, incluindo a aprendizagem supervisionada, a aprendizagem não supervisionada e a

aprendizagem profunda, constitui uma base para o desenvolvimento de sistemas inteligentes e para a resolução de problemas complexos do mundo real. Cada tipo de aprendizagem tem os seus pontos fortes e fracos, e a escolha do algoritmo correto depende da natureza dos dados e do problema em questão.

CAPÍTULO 10
CONCLUSÃO E DIRECÇÕES FUTURAS

Neste capítulo final, reflectimos sobre a viagem através da paisagem diversificada da ciência da computação e sobre as excitantes direcções futuras que se avizinham. Desde os princípios fundamentais dos algoritmos e das estruturas de dados até aos avanços de ponta na aprendizagem automática e na inteligência artificial, este livro forneceu uma visão abrangente da amplitude e profundidade deste domínio. Ao concluirmos esta exploração, celebramos as conquistas alcançadas até à data e prevemos o potencial transformador que nos espera no mundo da tecnologia em constante evolução.

Reflectindo sobre a viagem:

A nossa viagem começou com uma exploração dos conceitos fundamentais que estão na base da informática. Mergulhámos nos meandros dos algoritmos e das estruturas de dados, compreendendo como estes constituem a espinha dorsal da resolução de problemas computacionais. Desde a elegância da divisão e conquista até à eficiência da programação dinâmica, testemunhámos a beleza e o poder das técnicas de conceção algorítmica. Através de debates sobre algoritmos de pesquisa e ordenação, aprendemos como estas ferramentas fundamentais nos permitem navegar e organizar grandes quantidades de dados com precisão e rapidez.

Continuando a nossa exploração, aventurámo-nos no domínio da teoria dos grafos e da teoria dos autómatos, descobrindo os fundamentos matemáticos de sistemas complexos e linguagens formais. Ficámos maravilhados com a elegância dos autómatos finitos e das expressões regulares, que servem como blocos de construção de modelos computacionais e sistemas de reconhecimento de padrões. Através da lente da teoria da complexidade, adquirimos conhecimentos sobre os limites inerentes à computação e debatemo-nos com as profundas implicações do problema P vs. NP.

Abraçar o futuro:

Ao concluirmos esta jornada, olhamos para o futuro com otimismo e entusiasmo. O ritmo acelerado dos avanços tecnológicos promete novas oportunidades e desafios que irão moldar o panorama da informática nos próximos anos. Em particular, a ascensão da aprendizagem automática e da inteligência artificial anuncia uma nova era de sistemas inteligentes capazes de aprender, raciocinar e adaptar-se a ambientes complexos.

Com a proliferação de grandes volumes de dados e os avanços nas capacidades de hardware, os algoritmos de aprendizagem automática estão preparados para revolucionar sectores que vão desde os cuidados de saúde e finanças aos transportes e entretenimento. A aprendizagem profunda, em particular, surgiu como uma ferramenta poderosa para extrair conhecimentos de conjuntos de dados em grande escala, permitindo avanços no reconhecimento de imagens, processamento de linguagem natural e sistemas autónomos.

Além disso, a natureza interdisciplinar das ciências informáticas convida à colaboração com áreas como a biologia, a medicina e as ciências do ambiente, oferecendo oportunidades para enfrentar desafios globais prementes através de soluções baseadas na tecnologia. Desde a medicina personalizada e a agricultura de precisão até à modelação climática e às iniciativas de sustentabilidade, as ciências informáticas têm o potencial de gerar um impacto social positivo a uma escala global.

Olhando para o futuro:

Ao olharmos para o futuro da informática, reconhecemos a importância das considerações éticas e da inovação responsável. À medida que a tecnologia se torna cada vez mais integrada em todos os aspectos das nossas vidas, é essencial dar prioridade a princípios como a justiça, a transparência e a responsabilidade na conceção e implementação de sistemas computacionais. Ao promover uma cultura de inclusão e diversidade, podemos garantir que os benefícios do progresso tecnológico são acessíveis a todos e que os riscos potenciais são atenuados através de uma governação e regulamentação ponderadas.

Em conclusão, este livro forneceu uma visão abrangente do campo multifacetado da ciência da computação, desde os seus fundamentos teóricos às suas aplicações práticas. Ao embarcarmos na próxima fase da evolução tecnológica, fazemo-lo com um sentido de curiosidade, admiração e responsabilidade. Ao abraçarmos as oportunidades que temos pela frente e ao enfrentarmos os desafios com engenho e compaixão, podemos moldar um futuro em que a tecnologia sirva como uma força de mudança positiva, enriquecendo vidas e fazendo avançar o esforço humano coletivo.

REFERÊNCIAS

1. Cormen, T. H., Leiserson, C. E., Rivest, R. L., & Stein, C. (2009). Introduction to Algorithms (3ª ed.). MIT Press.

2. Goodrich, M. T., & Tamassia, R. (2015). Estruturas de dados e algoritmos em Java (6ª ed.). John Wiley & Sons.

3. Mitchell, T. M. (1997). Machine Learning. McGraw-Hill.

4. Bishop, C. M. (2006). Reconhecimento de padrões e aprendizagem automática. Springer.

5. Russell, S. J., & Norvig, P. (2016). Inteligência Artificial: Uma abordagem moderna (3ª ed.). Pearson.

6. Sipser, M. (2012). Introdução à teoria da computação (3ª ed.). Cengage Learning.

7. Hopcroft, J. E., Motwani, R., & Ullman, J. D. (2006). Introduction to Automata Theory, Languages, and Computation (3ª ed.). Addison-Wesley.

8. Hastie, T., Tibshirani, R., & Friedman, J. (2009). The Elements of Statistical Learning: Data Mining, Inference, and Prediction (2ª ed.). Springer.

9. Sutton, R. S., & Barto, A. G. (2018). Aprendizagem por reforço: Uma introdução. MIT Press.

10. Murphy, K. P. (2012). Machine Learning: Uma Perspetiva Probabilística. MIT Press.

11. Koller, D., & Friedman, N. (2009). Modelos gráficos probabilísticos: Principles and Techniques. MIT Press.

12. Nielsen, M. A. (2015). Redes neurais e aprendizagem profunda. Determination Press.

13. Goodfellow, I., Bengio, Y., & Courville, A. (2016). Aprendizagem profunda. MIT Press.

14. Minsky, M. L., & Papert, S. A. (1988). Perceptrons: An Introduction to Computational Geometry (Ed. expandida). MIT Press.